Modellieren ganz einfach

Modellieren macht Spaß! In diesem Buch zeige ich dir, wie einfach es ist, aus Ton, der an der Luft trocknet, lustige Figuren und tolle Geschenke zu formen. Du musst nur ein paar Kugeln in unterschiedlichen Größen formen, mit einem Schaschlikstäbchen ein Loch hineinbohren und die Einzelteile mit Zahnstochern, Kordel oder Schnur zusammenfügen, schon hast du freche Würmer, niedliche Hasen oder süße Bärchen. Oder du wellst die Modelliermasse mit dem Nudelholz aus und kannst daraus mit Ausstecherförmchen oder selbst gemachten Schablonen Herzen, Buchstaben und mehr ausstechen. Außerdem gebe ich dir Anregungen, was du aus den Tierchen alles machen kannst: Ketten, Kühlschrankmagnete, Klammerhalter und, und, und ...

Viel Spaß beim Kneten, Formen und Modellieren!

WERKZEUGE UND HILFSMITTEL, DIE DU ZUR HAND HABEN SOLLTEST

- Pressspanplatte als Arbeitsunterlage
- Nudelholz
- kleines Küchenmesser
- ggf. Modellierholz
- Schaschlikstäbchen, Zahnstocher zum Eindrücken der Gesichter und als Verbindungsstücke, z. B. zwischen Kopf und Rumpf
- Borstenpinsel zum Glätten der Oberfläche
- Schleifpapier
- Transparentpapier und Karton für Schablonen
- Terrakottakleber, UHU Kraftkleber, UHU Alleskleber

Hinweis: Auf den Vorlagenbogen findest du neben Vorlagen Arbeitszeichnungen, an denen du sehen kannst, wie die Einzelteile zusammengefügt werden.

Hinweis: Die Größenangaben bei den einzelnen Motiven sind als ungefähre Anhaltspunkte gedacht.

So geht's

Arbeitsplatte

Als Arbeitsplatte verwendest du am besten eine unbeschichtete Pressspanplatte. In Heimwerkermärkten bekommst du für wenig Geld Abfallstücke. Die fertigen Figuren und die ausgestochenen Formen bleiben zum Trocknen auf der Platte. Die Platte entzieht der Modelliermasse Feuchtigkeit, dadurch trocknen deine Figuren schneller. Nach dem Trocknen lassen sich die modellierten Sachen leicht von der Unterlage abnehmen.

Freies Modellieren

1 Modelliere die Einzelteile und durchbohre sie mit einem Schaschlikstäbchen oder Zahnstocher an den entsprechenden Stellen. Ebenfalls mit einem Holzstäbchen oder, falls du hast, mit einem Modellierholz drückst du Gesichter und sonstige Konturen in den Ton.

2 Wenn du zwei Teile direkt aneinander setzen möchtest, genügt es nicht, sie einfach zusammenzudrücken. Nach einiger Zeit fallen sie nämlich wieder auseinander. Damit das nicht passiert, musst du auf eins der Teile Schlicker auftragen. Schlicker ist mit Wasser zu Brei aufgeweichte Modelliermasse, die sich gut verstreichen lässt. Noch besser halten die Teile zusammen, wenn du die Klebeflächen zusätzlich aufraust. Dazu mit der Spitze eines Schaschlikstäbchens viele kleine Löcher dicht nebeneinander in die Klebeflächen stechen. Dann eine Fläche mit Schlicker bestreichen, die beiden Teile aufeinander drücken und die Kleberänder zusätzlich mit einem Modellierholz oder Schaschlikstäbchen verstreichen. Wenn große Teile (z. B. ein Kopf auf einen Körper) aufeinander geklebt werden, steckst du zusätzlich noch ein Stück von einem Schaschlikstäbchen oder einem Zahnstocher dazwischen.

3 Nach dem Trocknen fädelst du Riemen, Drähte oder Kordeln durch die Einzelteile und machst in die Enden einen Knoten.

Mit Ausstechformen arbeiten

Die Modelliermasse wird mit einem Nudelholz gleichmäßig zu einer 3 mm bis 5 mm dicken Platte auf der Arbeitsfläche ausgerollt. Dabei wird das Nudelholz nicht nur vor und zurück, sondern auch von links nach rechts und zurück gerollt. Danach drückst du die Ausstechformen ein. Achte darauf, dass zwischen den ausgestochenen Formen genügend Platz ist. Entferne die Modelliermasse zwischen den Formen.

Mit Schablonen arbeiten

Auch ohne Ausstechformen kannst du Formen auf ausgewellte Modelliermasse übertragen, z.B. die Eidechsenfüße von Seite 21. Dazu paust du die Motivteile mit Bleistift auf Transparentpapier ab. Das Transparentpapier klebst du auf einen Kartonrest. Schneide die Teile aus. Das sind deine Schablonen. Lege die Schablone auf die ausgewellte Modelliermasse und ziehe den Umriss leicht mit einem Zahnstocher nach. Anschließend schneidest du das Motivteil mit dem Messer aus.

Bohrungen

Wenn du eine Kugel oder einen Körper waagrecht und senkrecht durchbohrst, dürfen sich die Bohrlöcher nicht kreuzen. Sonst ist es unmöglich, alle Riemen, Drähte oder Kordeln durchzuschieben.

Drahtspiralen

Wickle den Draht fünf- bis siebenmal um ein Schaschlikstäbchen, streife ihn ab und dehne ihn leicht.

Nach dem Trocknen

Wie lange es dauert, bis die Modelliermasse trocken ist, hängt vom Material, von der Größe des Motivs, der Luftfeuchtigkeit und der Raumtemperatur ab. Kleine und flache Figuren sind nach ungefähr zwei Stunden trocken, bei großen, dicken kann es bis zu drei Tagen dauern. Wenn die Figur durchgetrocknet ist, kannst du sie noch mit dem Messer bearbeiten, d. h., Unebenheiten abschaben oder Ränder nachschneiden, oder die Oberfläche mit Schleifpapier glätten. Wie du auf einigen Bildern siehst, kannst du deine Sachen auch mit Bastelfarben bemalen.

Abgefallene Teile ankleben

Sollte sich von deiner modellierten Figur ein Teil lösen oder abbrechen, kannst du die Klebefläche oder Bruchstelle mit Schlicker bestreichen und beide Teile zusammendrücken. Wenn die Figur schon durchgetrocknet ist, kannst du sie mit einem speziellen Terrakottakleber oder UHU Kraft reparieren.

Modelliermassen

Manche Modelliermassen schwinden etwas, d. h., die Figuren bzw. ihre Einzelteile schrumpfen beim Trocknen ein bisschen.

Tipp: **Modelliere zuerst alle weißen, dann alle braunen Teile. So musst du dir zwischendurch nicht die Hände waschen.**

Tipp: **Den angebrochenen Block Modelliermasse bewahrst du in einem verschlossenen Plastikbeutel auf. So bleibt die Masse feucht und formbar.**

MOTIVGRÖSSE
ca. 3 cm (ohne Schwanz)

MATERIAL
- Modelliermasse in Terrakotta
- 2 Indianerperlen in Schwarz, ø 2,6 mm (kleine Maus) oder ø 4,5 mm (große Maus)
- gewachste Baumwollkordel in Braun, ø 1 mm, 10 cm bis 18 cm lang

VORLAGENBOGEN 1A

Fiep, fiep!

→ Lustiges für den Schreibtisch

1 Aus einer Kugel, ø 2,5 cm oder ø 3 cm, formst du den Mäusekörper auf einer Seite spitz zu und steckst ihn auf einen Bleistift.

2 Drücke die Ohren, ø 1 cm oder ø 1,5 cm, platt und befestige sie wie auf Seite 2 beschrieben mit Schlicker am Körper.

3 Drücke die Indianerperlen als Augen sowie die Nase und den Mund ein und stecke die Kordel als Schwanz in den Körper.

Piep, piep!

→ neugierige Küken

1 Forme aus zwei kleinen, braunen Kugeln, ø 1 cm oder ø 1,5 cm, zwei ovale, platte Füße.

2 Aus einer großen braunen Kugel, ø 2 cm oder ø 3 cm, formst du den eiförmigen Kükenkörper und aus einer kleinen, weißen Kugel, ø 0,5 cm, den spitzen Schnabel. Schnabel und Körper wie auf Seite 2 beschrieben zusammenschlickern. Drücke die Augen mit einem Stäbchen ein.

3 Befestige die Füße mit zwei je 2 cm oder 3 cm langen Schaschlikstäbchen am Körper.

MOTIVGRÖSSE
ca. 3 cm und 4,5 cm

MATERIAL PRO KÜKEN
- Modelliermasse in Weiß und Terrakotta
- Schaschlikstäbchen, 2 x 2 cm oder 2 x 3 cm lang

VORLAGENBOGEN 1A

Schmetterlinge

→ Blumenstecker

1 Für die Flügel drückst du zwei Kugeln, ø 1,5 cm, und zwei Kugeln, ø 2 cm, platt. Ziehe eine Seite von einem Kugelpaar spitz zu. Schlickere die Flügel an den angerauten Seiten zusammen (siehe Anleitung, Seite 2).

2 Aus einer Kugel, ø 1 cm, formst du den länglichen Körper, aus einer weiteren Kugel, ø 1 cm, den Kopf. Bringe Körper und Kopf mit Schlicker an den Flügeln an.

3 Biege die Aludrahtstücke zurecht und stecke sie in den Kopf. Forme zwei kleine Kugeln, ø 0,5 cm, und drücke sie auf die Fühler. Fertige das Gesicht.

4 Modelliere kleine Kugeln, ca. ø 0,3 cm bis ø 0,7 cm, und schlickere sie an die Flügel.

5 Stecke den verzinkten Draht schräg in den Schmetterling.

Tipp: Über die tollen Schmetterlingsstecker freuen sich Mama und Oma bestimmt. Natürlich kannst du die Falter auch bunt anmalen.

MOTIVGRÖSSE
ca. 6 cm

MATERIAL PRO SCHMETTERLING

- Modelliermasse in Weiß und Terrakotta
- Aludraht, ø 2 mm, 2 x 3 cm lang
- verzinkter Draht, ø 1,6 mm, ca. 30 cm lang

VORLAGENBOGEN 1A

Bärenketten

→ einfach bärenstark!

1 Für den Kopf rollst du eine Kugel, ø 2 cm. Befestige die aus kleinen, platt gedrückten Tonkugeln bestehenden Ohren, ø 1 cm, und das Schnauzenteil, ø 1 cm, mit Schlicker am Kopf (siehe Seite 2) und drücke die Indianerperlen als Augen und Nase sowie den Mund ein. Den Kopf durchbohrst du von oben nach unten.

2 Den Bauch formst du aus einer Kugel, ø 3 cm, und durchbohrst ihn einmal senkrecht (für die Aufhängung) und zweimal waagrecht (für Arme und Beine). Achte darauf, dass sich die Bohrungen nicht überkreuzen (die Arm- und Beinbohrungen sind etwas weiter vorne).

3 Vorder- und Hinterbeine bestehen jeweils aus zwei durchbohrten Kugeln, ø 1 cm.

4 Für die Kette formst du kleine Kugeln, ø 1 cm, und größere Kugeln, ø 1,5 cm. In die großen Kugeln drückst du mit einem Zahnstocher rundum Löcher ein. Alle Kugeln durchbohren.

5 Lasse nun alle Teile trocknen. Dann ziehst du die Kordeln für Arme und Beine durch den Bauch, fädelst die Perlen auf und hältst sie mit Knoten fest. Den Bauch und den Kopf auf die lange Aufhängekordel ziehen. Mache einen Knoten unter dem Bären sowie etwa 2 cm über dem Bären und fädle die Perlen auf. So kannst du mehrere Bären auf eine Kette fädeln.

Tipp: Wie du auf dem Foto siehst, kannst du aus dem Bärenkopf auch schöne Ketten zum Umhängen machen. Kombiniere ihn dazu mit Perlen in verschiedenen Größen.

MOTIVGRÖSSE
nur Bär ca. 7 cm

MATERIAL PRO BÄR
- Modelliermasse in Weiß und Terrakotta
- gewachste Baumwollkordel in Beige, ø 1 mm, ca. 60 cm (Aufhängung) und 2 x 15 cm lang (Vorder- und Hinterbeine)
- 3 Indianerperlen in Schwarz, ø 4,5 mm

VORLAGENBOGEN 1A

Hüpfende Schweine

→ bringen Bewegung ins Zimmer

1 Forme eine Kugel, ø 2,5 cm, für den Kopf und eine kleinere Kugel, ø 1 cm, als Schnauze und befestige die beiden mit Schlicker aneinander (siehe Seite 2). Die Ohren arbeitest du aus zwei Kugeln, ø 1 cm, drückst sie platt, formst sie spitz zu und befestigst sie ebenfalls mit Schlicker am Kopf. Als Füße formst du je zwei Perlen, ø 1 cm und ø 1,5 cm, und durchbohrst sie.

2 Drücke die Augen und die Nasenlöcher ein, schneide den Mund ein und durchbohre den Kopf. Für den Körper drückst du sechs Kugeln, ø 1,5 cm bis ø 3 cm, platt und machst jeweils in die Mitte ein Loch. Lasse alle Teile trocknen.

3 Knüpfe einen Knoten in ein Ende der Aufhängekordel und fädele die Körperscheiben und den Kopf auf. Nach der ersten und vor der letzten Scheibe knotest du die Kordeln für die Beine an. Knote die Fußperlen an die Kordelenden.

4 Zuletzt befestigst du das Schwein mit einem Knoten an der Ziehfeder.

MOTIVGRÖSSE
ca. 8 cm

MATERIAL PRO SCHWEIN

- Modelliermasse in Terrakotta
- gewachste Baumwollkordel in Braun, ø 1 mm, 12 cm (Aufhängung) und 2 x 15 cm lang (Vorder- und Hinterbeine)
- Ziehfeder, ø 5 mm

VORLAGENBOGEN 1B

Rahmenbärchen

→ peppen Rahmen auf

MOTIVGRÖSSE
ca. 7 cm bis 8 cm

MATERIAL PRO BÄRCHEN
- Modelliermasse in Weiß oder Terrakotta
- gewachste Baumwollkordel in Braun, ø 1 mm, 2 x 16 cm lang
- Schaschlikstäbchen, ca. 2 cm lang
- Holz-Bilderrahmen, z. B. 13 cm x 18 cm

VORLAGENBOGEN 1B

1 Rolle eine Kugel für den Kopf, ø 2 cm, eine für die Schnauze, ø 1 cm, und zwei für die Ohren, je ø 0,5 cm. Drücke Ohren und Schnauze platt und schlickere sie wie auf Seite 2 beschrieben an den Kopf. Drücke die Augen, die Schnauze und den Mund ein.

2 Forme aus einer Kugel, ø 3 cm, den Körper und durchbohre ihn zweimal. Rolle vier Perlen, ø 1 cm, als Pfoten und durchbohre sie. Raue die Oberseite vom Körper und die Unterseite vom Kopf auf und schlickere die beiden Teile zusammen. Dabei zusätzlich das Stück Schaschlikstäbchen mit einstecken. Je nachdem wie du den Kopf am Körper anbringst, kannst du ein sitzendes oder ein liegendes Bärchen machen.

3 Nach dem Trocknen ziehst du die Kordeln durch die Löcher im Körper und knotest jeweils eine Pfotenperle an. Klebe die Bärchen mit Kraftkleber an den Rahmen.

Tipp: **Natürlich kannst du auch alle anderen Tiere und Motive aus diesem Buch an einen Rahmen kleben.**

Tipp: **Toll sehen die Bären auch an einem gerahmten Spiegel oder auf einer Spanschachtel aus.**

Paulchen und Emma, die Schäfchen

→ ganz einfach

1 Forme aus einer braunen Kugel, ø 4 cm, den Körper. Raue die Oberfläche des Körpers auf und schlickere darauf wie auf Seite 2 beschrieben dicht an dicht kleine weiße Kügelchen, ø ca. 5 mm, bis der braune Körper kaum noch zu sehen ist.

2 Aus einer weiteren braunen Kugel, ø 3 cm, formst du den eiförmigen Kopf. Raue ihn zur Hälfte ebenfalls auf und drücke weitere weiße Kügelchen an. Bringe die Perlen als Augen an und ritze ein kleines Kreuz als Mund und Schnauze ein. Befestige den Kopf mit dem Schaschlikstäbchen und etwas Schlicker am Körper.

3 Rolle für die Beine aus zwei braunen Kugeln, ø 2 cm, zwei Würste und schlickere sie am Unterkörper an. Drücke die Ohren aus zwei platt gedrückten braunen Kugeln, ø 1 cm, ziehe sie in eine längliche Form und befestige sie mit Schlicker am Kopf.

MOTIVGRÖSSE
ca. 6 cm

MATERIAL PRO SCHÄFCHEN
- Modelliermasse in Weiß und Terrakotta
- 2 Holzperlen in Braun, ø 4 mm
- Schaschlikstäbchen, 2 cm lang

VORLAGEN-BOGEN 1B

Leo und Luis, die Magnetlöwen

→ bewachen Kühlschrank und Pinnwand

1 Drücke für den Körper eine weiße Kugel, ø 3 cm, platt und bohre drei Löcher hinein.

2 Für den Kopf rollst du eine Kugel, ø 2 cm, und für die Ohren zwei kleine Kugeln, ø 0,5 cm, die du platt drückst und an den Kopf schlickerst (siehe Seite 2). Für die Mähne rollst du ungefähr zwanzig 2 cm lange und 0,3 cm dicke Würstchen und befestigst sie hinten am Kopf. Drücke das Gesicht ein und bringe die Nase, ø 0,5 cm, an.

3 Befestige den Kopf auf dem Körper. Bringe hinten am Kopf eine 1 cm dicke, leicht platt gedrückte Kugel an, damit Kopf und Körper hinten auf einer Fläche liegen und du den Magneten gut am Kopf befestigen kannst.

4 Forme ein kleines Ei, ø 1 cm, als Schwanzquaste und zwei Kugeln, ø 1,5 cm, als Pfoten und durchbohre sie.

5 Nach dem Trocknen ziehst du die Kordeln durch die drei Löcher und fädelst auf je zwei Kordelenden die beiden Pfoten und die Schwanzquaste. Klebe die Magnete mit Alleskleber an die Rückseite.

MOTIVGRÖSSE
ca. 10 cm

MATERIAL PRO LÖWE

- Modelliermasse in Weiß und Terrakotta
- gewachste Baumwollkordel in Braun, ø 1 mm, 3 x 15 cm lang
- 2 Magnetscheiben, ø 13 mm

VORLAGENBOGEN 1B

Lieschen und Lottchen, die Kätzchen

→ zum Aufhängen

1 Forme eine Kugel, ø 3 cm, für den Katzenkopf. Modelliere die beiden Ohren aus zwei Kugeln, ø 1 cm, spitz zu und befestige sie mit Schlicker am Katzenkopf wie auf Seite 2 beschrieben.

2 Drehe aus dem Blumendraht drei Drahtspiralen für die Barthaare (siehe Seite 3), drücke sie in den Kopf und schlickere darüber die Kugel für die Schnauze, ø 1 cm, an. Drücke die beiden Perlen als Augen, die Nase und den Mund ein.

3 Forme aus einer Kugel, ø 4 cm, den Körper und durchbohre ihn zweimal. Für den Schwanz machst du in den Körper schräg von unten nach hinten ein Loch (siehe Zeichnung 2 auf dem Vorlagenbogen). Befestige den Kopf mit dem Schaschlikstäbchen und etwas Schlicker am Körper.

4 Forme die Hinterpfoten aus zwei flach gedrückten Kugeln, ø 1,5 cm, und bohre ein Loch hinein. Die Vorderpfoten sind zwei Kugeln, ø 1,5 cm, die du waagrecht und senkrecht durchbohrst. Achte darauf, dass eine Bohrung weiter vorn und eine weiter hinten liegt. Für den Schwanz formst du drei Kugeln, ø 0,5 cm, und eine dünne Wurst, von der du zwei 2 cm lange Stücke abschneidest. Durchbohre alle Teile.

5 Nachdem alle Teile getrocknet sind, ziehst du die Kordeln durch den Körper und knotest die Pfoten an. In ein Ende der Schwanzkordel machst du einen Knoten, dann ziehst du die Kordel durch das Loch an der Unterseite und fädelst abwechselnd eine Perle und ein Röhrchen auf. Abschließend machst du einen Knoten.

6 Zuletzt ziehst du den Lederriemen seitlich durch die Katzenpfoten.

MOTIVGRÖSSE
ca. 15 cm

MATERIAL PRO KÄTZCHEN
- Modelliermasse in Terrakotta
- gewachste Baumwollkordel in Braun, ø 1 mm, 2 x 22 cm (Arme, Beine) und 15 cm lang (Schwanz)
- Lederriemen in Hellbraun, ø 3 mm, ca. 100 cm lang
- 2 Holzperlen in Braun, ø 4 mm
- geglühter Blumendraht, ø 0,35 mm, 3 x 10 cm lang (Barthaare)
- Schaschlikstäbchen, 3 cm lang

VORLAGENBOGEN 1B

Ixy und Exy, die Eidechsen

→ ganz beweglich

1 Den ovalen Kopf formst du aus einer Kugel, ø 2,5 cm. Drücke die beiden Perlen als Augen und zwei Nasenlöcher ein und durchbohre den Kopf der Länge nach.

2 Aus einer Kugel, ø 3 cm, modellierst du den länglichen Körper. Durchbohre ihn einmal längs und zweimal quer. Achte darauf, dass sich die Bohrlöcher nicht kreuzen.

3 Den Schwanz formst du aus einer Kugel, ø 3 cm, die du zu einer langen Spitze ausrollst und in fünf Teile zerschneidest. Bohre in alle Teile längs ein Loch.

4 Welle mit dem Nudelholz eine 0,3 cm dicke Fläche aus und schneide die vier Füße aus (mit Schablonen arbeiten, siehe Seite 3). Für die Beine drückst du zwölf Kugeln, ø 0,5 cm, leicht platt und durchbohrst sie. Trocknen lassen.

5 An ein Ende der langen Kordel machst du einen Knoten, nach 1 cm noch mal einen. Dann fädelst du den Kopf auf, machst wieder einen Knoten, fädelst den Körper auf, machst wieder einen Knoten usw., bis alle Teile auf die Kordel aufgereiht sind. Ebenso fädelst du auf die kürzeren Kordeln die Füße und Beinperlen auf. Zuerst fertigst du eine Beinseite, dann ziehst du die Kordel durch den Körper und ziehst die restlichen Perlen und den Fuß auf.

6 Wenn du die Eidechse am Kühlschrank oder an einer Pinnwand aus Metall befestigen willst, klebst du mit Alleskleber an jeden Fuß, an den Kopf und den Bauch jeweils einen Magneten.

Tipp: **Höhle die Fußsohlen etwas aus, damit der Knoten hineinpasst.**

MOTIVGRÖSSE
ca. 17 cm

MATERIAL PRO EIDECHSE

- Modelliermasse in Terrakotta
- gewachste Baumwollkordel in Braun, ø 1 mm, 40 cm (Körperkordel) und 2 x 35 cm lang (Beinkordeln)
- 2 Indianerperlen, ø 4,5 mm
- evtl. 6 Magnetscheiben, ø 13 mm (möglichst starke Magnete)

VORLAGENBOGEN 1B

Eintrittskarte
Preis siehe Anschlag
14:00 Uhr
Turnen !
№
32

Schild mit Katzen

→ schön an der Tür

1 Zuerst fertigst du das Schild. Welle mit dem Nudelholz die weiße Modelliermasse zu einer 0,5 cm dicken Platte aus und schneide ein Oval aus, das etwa 15 cm hoch und ca. 20 cm breit ist. Wenn ihr einen sehr langen Namen habt, muss das Schild entsprechend größer sein. Bohre zwei Löcher für das Aufhängeband. Als Sitzfläche schneidest du eine kleine Platte, 2 cm x 9 cm, aus. Raue die Klebeflächen an Schild und Sitzfläche stark auf und schlickere die beiden Teile wie auf Seite 2 beschrieben zusammen.

2 Rolle aus terrakottafarbener Modelliermasse eine Wurst von 0,5 cm Dicke und ca. 60 cm Länge und schlickere sie an den Rand der Platte an. Steche die Buchstaben aus und befestige sie nach dem Trocknen mit Terrakottakleber auf dem Schild.

3 Jetzt machst du die Katzen. Die Köpfe bestehen aus Kugeln, ø 2,5 cm und ø 2 cm. Forme für die Ohren je zwei kleinere Kugeln, ø 1 cm und ø 0,5 cm, zu Dreiecken und befestige sie an den Köpfen. Als Näschen rollst du kleine Kugeln, ø ca. 0,5 cm, und schlickerst sie in der Mitte der Gesichter an. Drücke Augen und Münder ein und stecke neben der Nase beidseitig jeweils drei gezwirbelte Barthaare ein (siehe Seite 3).

4 Die Körper fertigst du aus Kugeln, ø 3 cm und ø 2,5 cm. Befestige die Köpfe mit den Schaschlikstäbchen und etwas Schlicker am Körper. Durchbohre den Körper zweimal für die Arme und Beine.

5 Rolle die Pfotenperlen, 4 x ø 1,5 cm und 4 x ø 1 cm, und durchbohre sie. Fädle die Kordeln durch die Körper, darauf die Pfoten und knote sie an. Trocknen lassen.

6 Binde zwei Schleifen und klebe sie mit Alleskleber am Katzenhals und am Rahmen fest. Befestige das lange Band als Aufhängung. Zum Schluss klebst du die Katzen mit Terrakottakleber auf die Sitzfläche.

MOTIVGRÖSSE
ca. 15 cm

MATERIAL
- Modelliermasse in Weiß und Terrakotta
- gewachste Baumwollkordel in Braun, ø 1 mm, 2 x 15 cm und 2 x 17 cm lang
- Band in Blau-Weiß kariert, 1 cm breit, 2 x 15 cm, 20 cm und 34 cm lang
- geglühter Blumendraht, ø 0,35 mm, 12 x 5 cm lang
- Schaschlikstäbchen, 2 x 2 cm lang (Hälse)
- Ausstechformen Buchstaben, 2,5 cm hoch

VORLAGENBOGEN 2A

FAMILIE
WEISS

Schutzengelchen

→ immer für dich da

1 Rolle mit dem Nudelholz etwas Modelliermasse 0,3 cm dick aus und schneide mit Hilfe von Schablonen (siehe Seite 3) die Flügel und die Füße aus. In die Flügel und in die Füße bohrst du Löcher; die Flügel biegst du in der Mitte leicht in Form. Als Hände formst du zwei Kugeln, ø 1 cm, als Kopf eine Kugel, ø 2,5 cm, und durchbohrst sie. Drücke die Indianerperlen als Augen sowie Mund und Nase in den Kopf.

2 Wie die Engel zusammengesetzt werden, siehst du auf dem Vorlagenbogen: Für den Kantenhocker-Engel rechts fasst du den Bast mit dem Blumendraht zusammen, fädelst den Draht durch die Kopfperle und ziehst den Bast an den Kopf.

3 Nach dem Trocknen fädelst du die Hände und Füße auf die Kordeln und knotest sie an.

4 Dann legst du die Armkordel zwischen die Drahtenden, die unten aus dem Kopf heraus ragen. Ziehe beide Drahtenden durch die Öffnung im Blumentopf, lege die Beinkordel dazwischen und ziehe auf ein Drahtende eine Holzperle. Verdrehe die Drahtenden miteinander, am besten nimmst du hierzu eine Flachzange zu Hilfe.

5 Beim Engel links darf der Kopf noch nicht trocken sein. Erst ziehst du den langen Blumendraht durch die Löcher in den Füßen und dann durch die Öffnung im Topf. Zwischen die Drahtenden legst du die Armkordel mit den angeknoteten Händen und ziehst dann beide Drahtenden durch den Kopf. Stecke auf ein Ende die kleine Holzperle und verdrehe die Enden miteinander. Biege die beiden kurzen Drahtstücke je zu einem „U" und befestige damit die Basthaare am Kopf.

6 Lege die Kordel für die Flügel um den Hals, ziehe die Enden durch die Löcher in den Flügeln und verknote sie miteinander. Binde dem Engel rechts mit Perlgarn zwei Zöpfe.

MOTIVGRÖSSE
ca. 6,5 cm und 11 cm

MATERIAL PRO ENGEL

- Modelliermasse in Terrakotta
- Tontopf, ø 3,5 cm
- 2 Indianerperlen in Schwarz, ø 2,6 mm
- Kordel in Creme, ø 2 mm, 12 cm (Befestigung der Flügel), 16 cm (Arme) und 20 cm lang (Beine; nur Engel rechts)
- Bast in Natur, 8 cm lang
- geglühter Blumendraht, ø 0,65 mm, 2 x 3 cm und 20 cm (Engel links) oder 15 cm lang (Engel rechts)
- Rohholzperle, ø 4 mm (Engel links) oder ø 10 mm (Engel rechts)
- Perlgarn in Schwarz, ø 1 mm, 2 x 8 cm lang (nur Engel rechts)
- Flachzange

VORLAGENBOGEN 2A

Buchstaben- und Motivbänder

→ Geschenkanhänger

MOTIVGRÖSSE
ca. 2 cm bis 3 cm (pro Motivteil)

MATERIAL
- Modelliermasse in Weiß und Terrakotta
- Paketschnur, ø 2 mm
- Ausstechformen Buchstaben, ca. 2,5 cm hoch
- Ausstechformen Sterne, ø ca. 2 cm bis 3 cm
- Ausstechform Herz, ø ca. 2 cm
- ggf. Bastelfarbe in Rot, Gelb und Grün oder Gold

VORLAGENBOGEN 2B

1 Rolle die Modelliermasse mit dem Nudelholz zu einer ca. 0,3 cm dicken Platte aus und steche die Formen und Buchstaben jeweils doppelt aus.

2 Raue je eine Seite der Formen und Buchstaben auf, lege die Paketschnur auf eine Form oder einen Buchstaben und schlickere den zweiten darauf (siehe Seite 2). Unebenheiten an den Seiten kannst du mit etwas Wasser glatt streichen.

Tipp: **Wie du an der Moritz-Kette siehst, kannst du auch Perlen in die Ketten einarbeiten. Bunt bemalt sehen die Geschenkbänder besonders schön aus.**

ALISA
MORITZ

Max auf der Mäuseschaukel

→ braucht etwas mehr Zeit

1 Welle den braunen Ton mit dem Nudelholz zu einer 0,5 cm dicken Platte aus und schneide daraus das 3 cm x 6,5 cm große Schaukelbrett aus. Bohre in die vier Ecken ein Loch. Forme aus zwei Kugeln, ø 1,5 cm, die Mäusefüße und durchbohre sie. Die Einzelteile mindestens zwei Stunden trocknen lassen.

2 Aus einer Kugel, ø 2,5 cm, formst du den leicht spitzen Mäusekopf. Drücke zwei kleinere Kugeln, ø 2 cm, platt und befestige sie mit Schlicker wie auf Seite 2 beschrieben als Ohren am Mäusekopf. Drücke die Augen und den Mund ein und bringe eine kleine, braune Kugel, ø 0,5 cm, als Schnauze an.

3 Forme aus einer Kugel, ø 3 cm, den Mäusekörper. Befestige den Kopf mit dem kurzen Drahtstück und mit Schlicker auf dem Körper. Stecke die Füße auf die Drahtbeine und biege die Beine unter den Füßen rechtwinklig ab. Biege die Beindrahtstücke in der Mitte und stecke sie in den Körper. Für den Armdraht durchbohrst du den Körper quer und fädelst den Draht hindurch. Dann steckst du den Schwanz in den Körper. Lasse die Maus über Nacht trocknen.

4 Ziehe die Enden der beiden Lederriemen von oben durch die Löcher im Schaukelbrett und sichere sie unter der Schaukel mit je einem Knoten. Klebe die Maus mit Terrakottakleber auf die Schaukel, hänge die Mäuseschaukel auf und biege die Arme um die Lederriemen. Forme zwei Kugeln, ø 1 cm, als Hände und drücke sie auf die Enden des Drahts.

MOTIVGRÖSSE
ca. 15 cm

MATERIAL
- Modelliermasse in Weiß und Terrakotta
- Lederriemen in Hellbraun, ø 3 mm, 2 x 60 cm lang
- Kordel in Weiß, ø 2 mm, 15 cm lang
- Aludraht, ø 2 mm, 2,5 cm (Hals), 10 cm (Arme) und 2 x 6,5 cm lang (Beine)

VORLAGENBOGEN 2B

Hans Hase

→ mit Krokoklammer

Abbildung auch auf Seite 1.

1 Forme für den Körper eine Kugel, ø 3,5 cm, und für den Kopf eine weitere Kugel, ø 3 cm. Aus zwei kleineren Kugeln, ø 1,5 cm, formst du Würstchen als Ohren.

2 Welle mit dem Nudelholz eine 0,3 cm dicke Fläche aus, schneide mithilfe einer Schablone die Hasenfüße aus und schlickere sie an den Körper (siehe Seite 2/3). Befestige die Ohren mit Schlicker und Schaschlikstäbchen am Kopf und den Kopf ebenso am Körper. Stecke den Aludraht als Arme quer durch den Körper. Gestalte das Gesicht mit den gezwirbelten Barthaaren (siehe Seite 3) und dem Näschen, ø 0,5 cm.

3 Rolle zwei Kugeln, ø 1,5 cm, und durchbohre sie mit Aludraht. In eine bohrst du nochmals quer ein Loch. Achte darauf, dass sich die Bohrungen nicht kreuzen.

4 Nach dem Trocknen biegst du den Armdraht und drückst auf jede Seite eine Perle auf. Male die Hose auf und klebe die Knöpfe an. Befestige die Krokodilklammer am Draht und stecke den Draht von oben durch das längs gestochene Loch in der Pfote.

MOTIVGRÖSSE

ca. 12 cm

MATERIAL

- Modelliermasse in Weiß
- Aludraht, ø 2 mm, 11 cm (für Klammer) und 8 cm lang (Arme)
- Krokodilklammer
- Schaschlikstäbchen, 3 x 2 cm lang
- geglühter Blumendraht in Schwarz, ø 0,35 mm, 6 x 5 cm lang
- Bastelfarbe in Rot
- 2 Knöpfe in Blau, ø 0,5 cm

VORLAGENBOGEN 1A

DIESES BUCH ENTHÄLT 2 VORLAGENBOGEN

IMPRESSUM

FOTOS: frechverlag GmbH, 70499 Stuttgart; Fotostudio Ullrich & Co., Renningen
DRUCK: frechdruck GmbH, 70499 Stuttgart

Auflage: 5. 4. 3. 2. 1.
Jahr: 2008 2007 2006 2005 2004 [Letzte Zahlen maßgebend]

ISBN 3-7724-3247-6
Best.-Nr. 3247